時間も お金も
軽やかに！
中学生のための

ウルトラ
ライト
勉強法

プロラーナー
横山北斗

anonima st.

はじめに

こんにちは！ プロラーナーの横山北斗です。

「プロラーナー」というのは私がつくった言葉で、「プロの（professional）」と「学習者（learner）」を合わせた造語です。

中学と高校の数学、理科、情報、社会、国語、英語の教員免許を持っていて、高校教師として一〇年以上、個別指導でも一〇年以上、数多くの中高生を指導してきました。

これまでの学びの成果として、社会人になってから東京大学に三回（理科一類、理科二類、文科一類）、京都大学に二回（法学部、農学部）、東京大学大学院にも二回（農学生命科学研究科、教育学研究科）合格しています。国家資格試験にもチャレンジし、行政書士（合格率約一四％）、測量士（約一〇％）、気象予報士（約六％）など一五個以上の難関試験に合格しています。

試験を受けるごとに学習は効率アップしていき、いまでは、一般的に必要とされる学習時間の一〇%程度で合格できています。大型書店のない離島《りとう》に暮らしながら、効率の良い学習が続けられたのは、ひとえにデジタルツールとこれまでにつちかった勉強法のおかげ。

「『勉強のやり方』って何だろう？」と思い始めた中学生に向けて、これまでの経験をもとに、方法をまとめました。勉強時間だけでなく、お金もできるだけかからないような工夫をちりばめています。

「時間やお金をたくさんかける」「辛くてもがまんしてやる」勉強法ではなく、「できなかったことができるようになっていく成長を楽しむ」「世界が広がるおもしろさを味わう」勉強法です。

この勉強法で成績アップして余った時間は、さらなる学力アップを目指すもよし、思い切りゲームをするもよし、部活動に当てるもよし、何もしないでもいいのです。時間もお金も軽やかに勉強して、成績を伸ばす喜びを感じてほしいと願っています。

目次

2 はじめに

1 学校（予習・授業・復習）

8 授業がすいすい頭に入ってくる「前回までのあらすじ&予告編」

12 目と耳、からだ全部を使って授業を受けてみよう

16 きれいなノートはいいノート？

20 宿題の効果をぐいぐい引き出す復習「三つのグループ分け」

24 教科書は授業の記憶を呼び覚ますもうひとつの自分のノート

28 環境を変えて勉強モードに入る短時間で深く集中するための場所選び

32 コラム 深夜まで勉強している人いますぐやめましょう

2 自宅での学習

34 自宅でひと工夫 勉強スイッチを入れる環境づくり

38 デジタル教材を使い始める前に知っておきたい三つのポイント

42 あわてないで慎重にデジタルツール選び

46 使い始める前に家族でルールづくり

50 デジタル教材はインプットとアウトプットから選ぶ

54 いよいよデジタル教材を使うときがきた

58 初心者にオススメ教科別入門アプリ

62 さらにステップアップするための学習記録系アプリ

66 動画教材だったら専門のウェブサイト

70 ただみるだけではもったいない便利機能で動画教材を使いこなそう

74 さらなる工夫で動画授業を記憶に定着

78 紙の教材も大切です

81 コラム やる気が出ない？習慣化すればよいのです

82 コラム ゲームをすると成績が下がる？

3 定期テスト・模擬テスト・受験

84 テストのたびにレベルアップまちがいは成長のチャンス

88 テスト後の学習計画を立てよう質問→計画→記録→分析

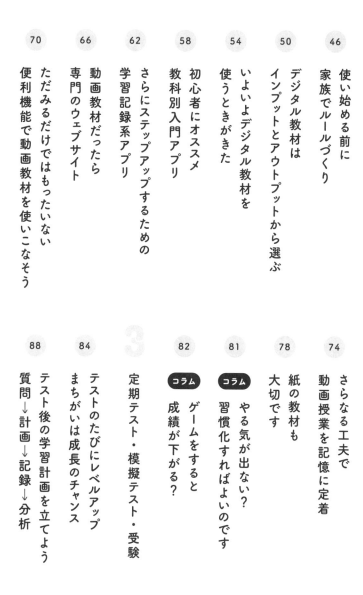

92 受験対策は、いまこの瞬間から！
96 一〇〇点を目指さない 目指すべき点数を知る
100 模擬テストと定期テストのちがいと テスト対策トレーニング
104 内申点は不確定だけど テストの点数は自分の力で変えられる
108 変わる受験制度 最新の過去問がカギ
112 コラム やる？ やらない？ 部活動

4 さいごに
114 高校生になっても社会人になっても 求められるデジタルスキル
118 成果が出るのは二、三カ月後 あせらずそのときをお楽しみに
122 さいごにパワーを発揮するのは 具体的な目標設定
126 おわりに

第1章

学校

（予習・授業・復習）

授業がすいすい頭に入ってくる「前回までのあらすじ＆予告編」

CHAPTER 1

もちろん、予習をしないよりはした方がよいけれど、せっかく家で勉強するなら、その時間は予習よりも復習と宿題に使いたいところ。

新しい内容を自力でイチから勉強する予習よりも、授業で一回勉強した内容を確認する復習や宿題の方が、断然やりやすいし、実力アップにつながります。貴重な家での勉強時間は、復習や宿題をメインに進めましょう。予習はオマケです。

じゃあ予習はまったくやらなくていいのか。

いえ、予習に最も適したタイミングがあるのです。

それは、授業がはじまる直前の数分間。

授業の合間に少し休けいをして、次の授業の準備をすませたら、授業がはじまるまでに三分だけ予習しましょう。

まず最初の一分で、前回の授業であつかった範囲《はんい》の教科書とノートをパラパラとながめます。復習をしていれば、パラパラとながめただけでも、前回の授業の記憶がよみがえってきます。

残りの二分で、今回の授業であつかう範囲の教科書を、やっぱりパラパラとながめます。

ぜんぶしっかり理解しようとなんてしなくてＯＫ。

「どんなお話が出てくるのかな」「おもしろそうな写真があるぞ」「この前の話と似ているな」なんてことを自由に思いながら、パラパラと見ておくだけで、授業のわかりやすさが変わるのです。

「たった三分でそんなうまくいくのかな？」と思うかもしれませんが、一週間ごとに新しいお話が続いていく、ドラマやマンガと同じように考えてみてください。名付けて「前回のあらすじ&予告編」方式。

ドラマやマンガでも、前回までのあらすじと予告編があると、前の内容を思い出しつつ新しい内容もスムーズに頭に入ってくるでしょう。授業でも、この開始前三分の予習復習で理解度が大きくちがってきます。

三分で効果が出るんだったら、とってもお得だと思いませんか？

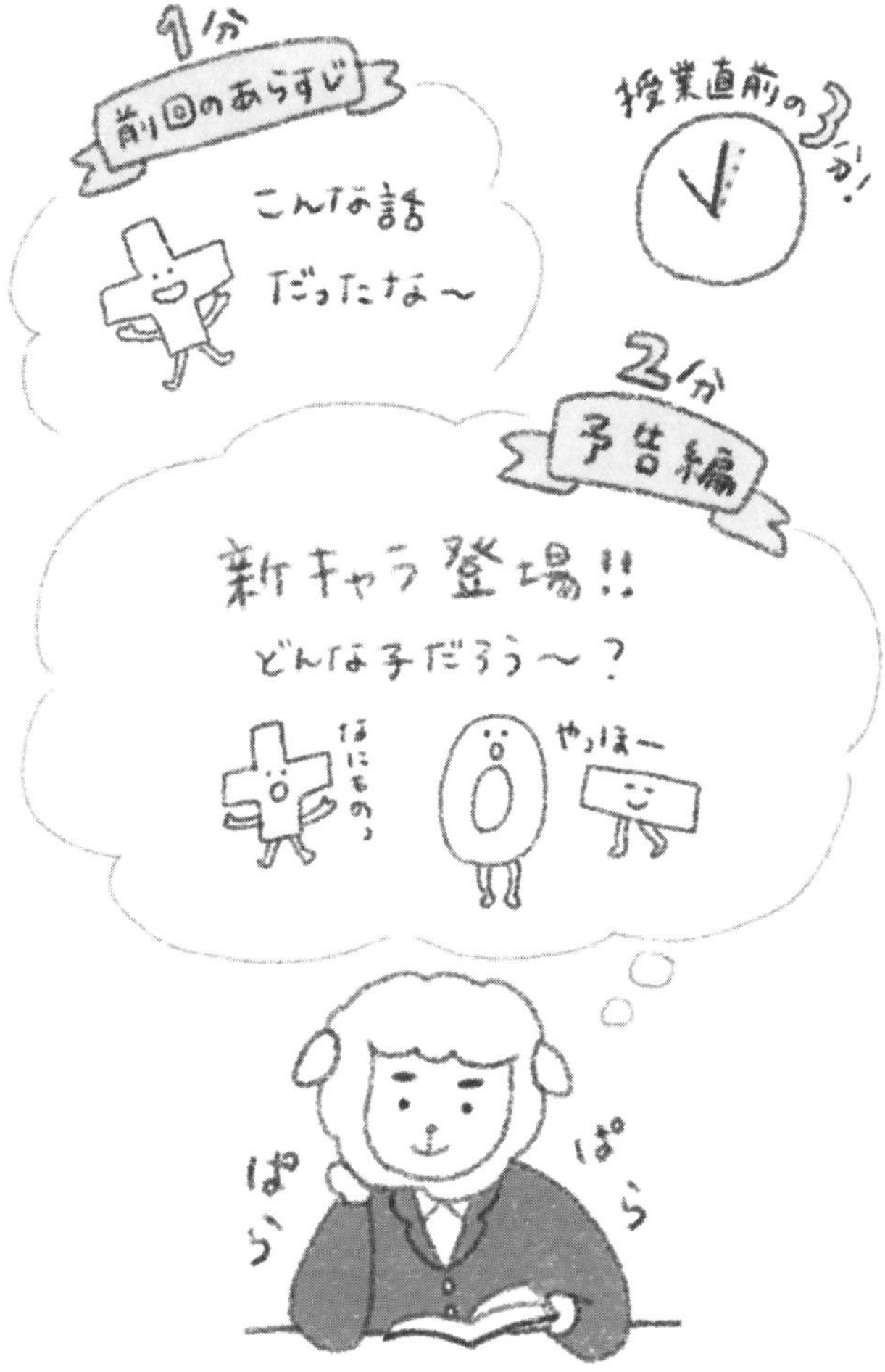
1分
前回のあらすじ
こんな話
だったな〜
授業直前の3分!
2分
予告編
新キャラ登場!!
どんな子だろう〜?
なにものっ
やっほー
ぱら
ぱら

CHAPTER 1

2

目と耳、からだ全部を使って授業を受けてみよう

小学校とちがって、中学にはそれぞれの教科の専門の先生がいます。そんな先生たちと毎日顔を合わせて、話をきける環境というのは、とってもぜいたく。参考書とちがって、わからないことがあれば、その場で質問できるし、すぐに答えが返ってくる。動画とちがって、自分たちのレベルに合わせた説明をしてく

れる。

しかも、こちらの表情やつぶやきのリアクションに応じて、柔軟《じゅうなん》に内容を変えてくれる。双方向《そうほうこう》にリアルタイムでコミュニケーションが取れるのは、「自分たちの先生」ならではのよさです。

これを活かさない手はありません。授業をいいかげんに受けて、あとから塾《じゅく》や自宅学習で取り返そうとするのは、とても効率が悪いし、時間もお金も余分にかかるし、なにもメリットがありません。

それでは、どんな風に授業を受けたら効果的なのか？

一番のコツは、先生の話をしっかりときくこと。

「でも、先生の話をききたくても、集中が続かないし、疲れてしまう……」

それはごく自然なことです。ひとつのことだけをずっとやり続けるのにあまり向いていないのが、人間という生きもの。だから単調な作業にならないように、耳を使って話をきくだけでなく、目と頭と手もいっしょに使って、からだぜんぶで話をきくのです。

目を使って見るのは、教科書や黒板。そして大切なのは、先生の目をみること。相手の目を見ながら話をきくだけで、不思議と話の内容が頭に入りやすくなるのです。さらに、先生だけでなく人はだれしも、しっかりと目をみながら話をきいてくれている相手には「ぜひ理解してもらいたい」と思うもの。説明にも熱が入り、よりくわしくわかりやすく伝えようという気持ちになります。

頭とからだを使ってすることは、あいづちとツッコミ。「うんうん、なるほど」「へー、そうなのか！」「え、どういうこと？」、実際にあいづちを打ったりツッコミを入れたりしながら耳をかたむけると、格段に理解度が上がります。

先生はそのような反応を見ながら、みんなが理解できるようにその場で話の内容を微《び》調整したいのです。

同じ五〇分なら、受け身でいるよりも、ちょっと前のめりなリアクションで、先生といっしょに授業をつくり上げていくことを意識すると、自分の理解もアップするし、同じ時間も短く感じられるかもしれません。

CHAPTER 1
学校（予習・授業・復習）

CHAPTER 1

3

きれいなノートはいいノート？

いいノートって、どんなノートでしょう？

授業を効果的に受けるために大切なことは、ノートを上手に取ること。

「上手にノートを取るって、色ペンをたくさん使ってカラフルにしたり、きれいな字を書いたりすること？」と思うかもしれませんが、ここではそういう意味ではありません。

いいノートとは、「復習のときに授業の内容を思い出せるノート」のこと。そのために、先生が黒板に書いたことを手元のノートに写すだけでは足りないのです。

まずは、授業でリアクションするだけでなく、手を使ってノートや教科書に自分のあいづちやツッコミをメモしておきましょう。

もちろん、ただ「なるほど」「なんで？」とだけ書いてもあとから思い出すのがむずかしいので、「この表現は○○という場面で使える！」「この式変形はなんのため？」など、少し具体的に記録しておくのがコツです。

そしていいノートにするには、先生が説明した順番や、説明に使った図表や、話に出てきた余談も一緒にどんどんメモしていきましょう。

なにか商品の完成品だけを見ても、それがつくられた過程を想像するのはむずかしいもの。復習するときに手元にあるのが完成品だけ、という状態にならないよう、説明の過程も合わせて記録するイメージです。

メモは多くて困ることはないので、説明をききながら「これはメモしておいたほうが、あとで思い出すのに役立ちそうだな」と感じたことはなんでもメモしておくのがオススメです。

きれいな字でていねいに書かなくても、走り書きでもいいのです。「書く」負担を軽くして、授業を「きく」こと、「みる」ことに集中することで、記憶《きおく》が引き出しやすくなるノートづくりをしてみませんか？

このメモは、そのまま先生への質問にも活用できます。

授業の途中《とちゅう》で質問するのは勇気がいるし、授業時間以外でも先生は忙しそうで、遠慮《えんりょ》してしまう気持ちもわかります。先生がいつもすぐに答えられるとは限らないけれど、質問を喜ばない先生はいません。遠慮は無用です。

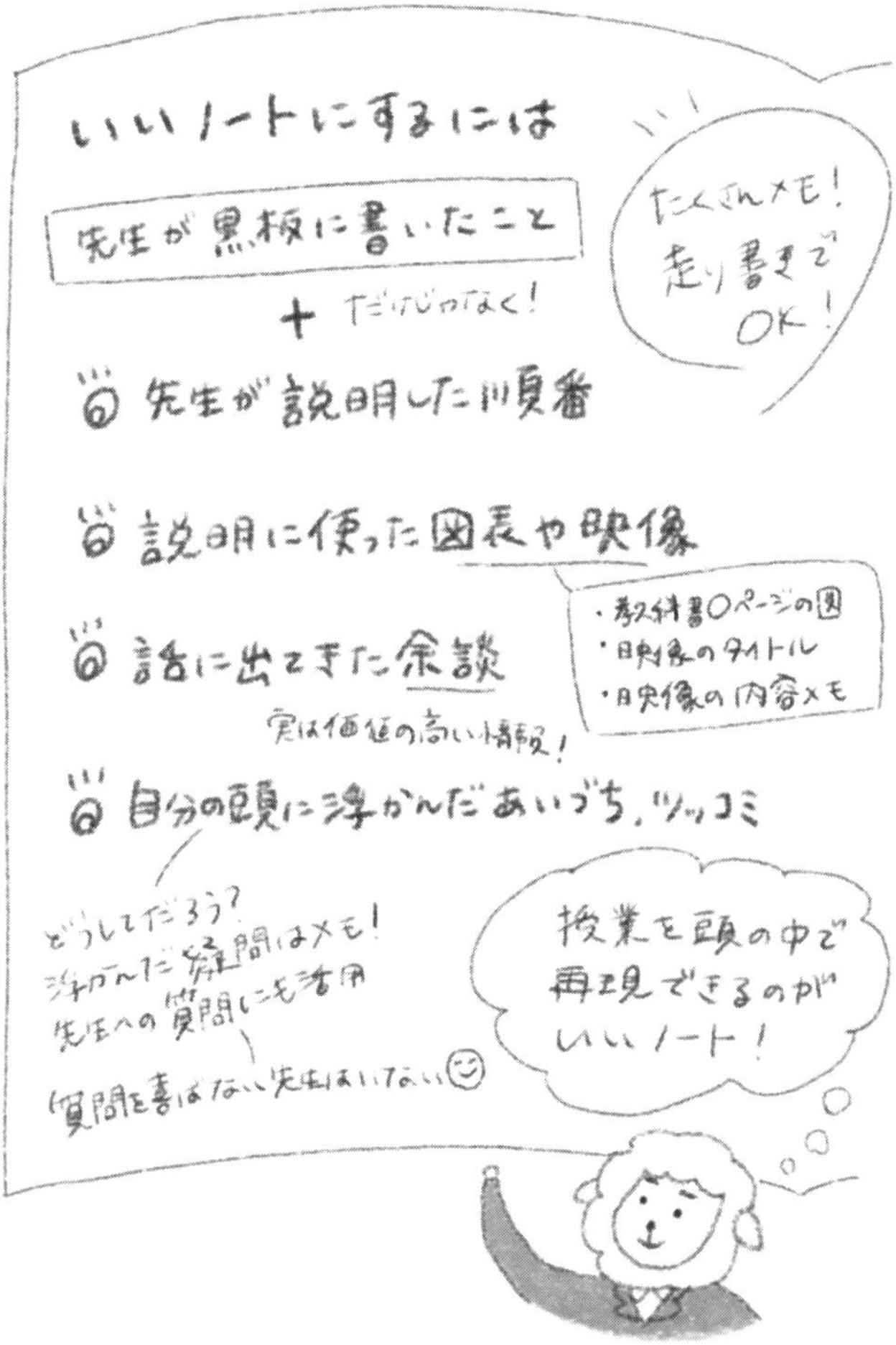
いいノートにするには
先生が黒板に書いたこと
＋ だけじゃなく！
先生が説明した順番
説明に使った図表や映像
・教科書○ページの図
・映像のタイトル
・映像の内容メモ
話に出てきた余談
実は価値の高い情報！
自分の頭に浮かんだあいづち、ツッコミ
どうしてだろう？
浮かんだ疑問はメモ！
先生への質問にも活用
質問を喜ばない先生はいない
たくさんメモ！
走り書きでOK！
授業を頭の中で再現できるのがいいノート！

宿題の効果をぐいぐい引き出す復習「三つのグループ分け」

4 CHAPTER 1

授業以外に自分の勉強時間があるなら、なにをするべきか？学習効果が高いのは復習ですが、復習を効果的に進めるための入口としてまず取り組みたいのが宿題です。

授業であつかった内容の練習問題や、授業に対応するワークが宿題で出ることが多いのではないでしょうか。

授業に対応する問題を解いてみることで、「自分がわかっているのか、わかっていないのか」が明らかになります。だから決して「答えを丸ごと写す」なんてことはしないでください。それは自分から宝の地図を破り捨てているようなものです。「宿題が宝の地図？」と思うかもしれません。しかし宿題にていねいに取り組むことで宝の地図がだんだん見えてくるのです。

先生は、宿題を「全員が正解する」ために出しているのではありません。むしろ「どのくらいの人が、どの問題で、どんな風にまちがっているか」が一番知りたい情報。この情報をもとに、必要に応じて授業の中で復習をしたりして、ひとりでも多く「わからない」を「わかった」に変えていきたいのです。

さて、問題をひと通り解いて、採点するまでが宿題。

そして、解き終わってからが復習のスタートです。実力アップや得点アップを目指すならば、復習こそが肝心《かんじん》です。

限られた時間の中で効果的な復習をして効率よくレベルアップするために、宿題として解いた問題を次の三つのグループに分けましょう。

①理解していて、自信を持って解けて、正解した問題。

②正解はしたけど自信がない問題。または正解はできなかったけど答えや解説を読んだら理解できた問題。

③正解できず、解説を読んでもわからなかった問題。

この中で一番重要な復習ポイントは、②のグループ。

①は、ひとまずそのままでだいじょうぶ。

③は、ちょっといまの自分には手に負えないから後回し。

②の「あと少しで自分のものになる」レベルの問題を「自信を持って確実に正解できる」ようにするのが、復習をするときの最優先事項です。

漠然《ばくぜん》と宿題や復習をするのではなく、ポイントを明確にして取り組むことが、着実なレベルアップにつながります。

あと少しだよ
ガンバレー

教科書は授業の記憶を呼び覚ますもうひとつの自分のノート

5
CHAPTER 1

「教科書だけをしっかり勉強すれば十分」、そんな話を聞いたことがありますか？

たしかに必要なことはひと通り教科書に書かれているのですが、教科書はあくまで授業で使うためのものなので、教科書だけで自宅学習するのは、あまりオススメできません。とくに英語や国語の教科書は、授業であつかう本文がメインで、解説はあまり書かれていないですよね。

それではどのように教科書を使ったら効果的なのでしょうか？

まず授業中。先生の説明をききながら、あるいはきいたあとで、「いまの話は教科書のここに書いてあるぞ」「教科書には書かれてない追加の説明だ」と、思ったことや説明のポイントを教科書に書きこむと、復習のときに授業の内容を思い出すヒントになります。教科書に直接書きこむのをいやがる先生の場合は、大きめの付せんを活用して、ツッコミメモを貼り付けていきましょう。

授業直前には、前の授業のページを少し読み返して、次の授業のページをながめておきましょう。八～一一ページで触れた「前回のあらすじ&予告編」です。授業直後にも時間が取れるなら、同じように短時間、今日の授業であつかった範《はん》囲《い》を読み返しておくと、手軽で効果的な復習になります。

学校で活躍《かつやく》する教科書ですが、宿題をやるときは、ちょっと注意が必要。最初に問題を解くときには、教科書はしっかり閉じておきましょう。そうしないと「教科書を見たから解けた」のか「自分の力だけで解けた」のかの区別がつかず効果的な復習になりません。

問題を解いた後は、教科書を大いに活用してください。

とくに理科と社会の教科書は要点のみが書かれているので、宿題とつき合わせて、「この文を読んで意味がわかるかな？」「先生みたいに説明できるかな？」と自分に問いかけながら読むと、理解が深まります。

また、数学の教科書にも説明が書かれているのですが、理科や社会にくらべるとさらにシンプルに書かれているのが、大きな特徴《とくちょう》。数学の場合は「この問題と次の問題はどういうつながりがあるんだろう？」と自分に問いかけながら、自分の理解度を明らかにしましょう。

教科書に書かれていない
追加の説明をしていたな
ここがポイント
と言っていたな
この図は、
先生が言っていた
あれのことか！

CHAPTER 1
6

環境を変えて勉強モードに入る

短時間で深く集中するための場所選び

「家ではなかなか勉強モードのスイッチが入らない」、「家の中がにぎやかで集中できない」。そんな人もいるのではないでしょうか。

私も家ではあまり勉強できないタイプなので、そのような悩み、よくわかります。

私は学生時代、「家ではリラックスして、しっかり休む」「勉強はすべて学校で終わらせる」と決めて、勉強を家に持ち帰らない主義をつらぬいていました。これが意外と効果的で、勉強に使える時間が限られているので、かえって集中して効率的に取り組むことができたのです。

そこまでやらなくても、朝の教室や昼休み、放課後の図書室はあまり人が多くなく、落ち着いて勉強に集中できます。もし学校に自習室があったら、最高の環《かん》境《きょう》です。電車やバスで通学している人は、やれることは限られますが、通学時間でできる勉強もあります。

環境が人に与える影響《えいきょう》は大きなものです。「勉強スイッチが入らない」となやんでいる人は、ぜひ環境の力を借りてみてください。図書室や自習室で座る場所を選べるなら、できるだけ部屋の入り口からはなれた端《はし》のほうで、かべのほうを向いている座席を選びましょう。人や景色が目に入らない場所を選ぶと集中できて勉強がはかどります。

窓の近くだったら、カーテンを閉めて外の景色をかくしましょう。照明や空調の風の当たり具合なども考えながら、自分のお気に入りの席をいくつかみつけられたらいいですね。

友だちといっしょに勉強するというのは学生の定番ですが、これはあまりオススメできません。同じ空間で他の人が話していると、きこうと思っていなくても、意外と気が散ってしまうもの。あるいは話をしていなくても、近くに人がいるだけでも集中をさまたげる要因になってしまいます。友だちと図書室や自習室に行くときはうんとはなれて、おたがいのお気に入りの席に座りましょう。

ただ言うまでもなく友だちとの時間は、かけがえのないもの。
「友だちと過ごす楽しい時間」は「勉強時間」と別に確保して、大切にしてください。

CHAPTER 1

学校（予習・授業・復習）

COLUMN 1

深夜まで勉強している人 いますぐやめましょう

十分な睡眠《すいみん》をとることから、よりよい勉強の準備は始まっています。

前の日に夜中まで勉強してがんばっても、学校の授業に集中できなければ大きな損失。

授業でねむくならずに集中できると理解度が高くなり、その結果、宿題や復習にかかる時間が少なくて済むので、とってもお得なのです。

私は昔から、毎日一〇時間から一二時間睡眠をとっていました。そのためか、中学生時代、授業で居ねむりをしたことはありません。当時は意識していませんでしたが、いま思えば、東大現役合格に大いに影響《えいきょう》があったと思います。

テスト前など「ねてる場合じゃない」とあせる気持ちはわかりますが、起きている時間の可能性としての力を最大限引き出すため、アスリートになった気分で睡眠を確保していきましょう。

自宅での
学習

自宅でひと工夫
勉強スイッチを入れる
環境づくり

「家では気が散って、すぐに集中がとぎれちゃう」

そんななやみを抱えている人も多いのに、自宅でもしっかり集中して勉強ができている人もいる。

自宅で勉強ができる人とできない人の大きなちがいは、自分で環境づくりができているかどうかです。まず、勉強が習慣化するまでは「勉強を始めるハードル」と「集中を持続させるハードル」は、高いものであると受け入れましょう。

それでは、そのハードルを下げていきましょう。

ポイントはどこまで「勉強のためだけのスペース」をつくれるかです。

まず、家の中でできるだけ静かな部屋を選びましょう。

家族が多かったり、部屋が少なかったりして静かな空間がつくれない場合は、「勉強のため」と家族に協力してもらいます。「夕食後の二時間は、みんなが静かに過ごす『無音タイム』」と決め、テレビを消して、それぞれ読書やパソコン作業をしてすごすのもよい方法です。何となくテレビをつけっぱなしにしてしまうことも多いので、試してみると「意外といいじゃん」ってなりますよ。

静かな環境をつくるのがむずかしい場合や「静かすぎると落ち着かない」という場合は、ヘッドホンを着けて水の流れる音や鳥の鳴き声や歌詞がない音楽を小さめに流します。勉強するときに使う音楽を決めて、「この音楽が聞こえたら集中して勉強する」という切り替えスイッチにするのもいいでしょう。

そして、音の静かさと同じくらい大事なのが、視界。

座ったときに視界に入るものは、できるだけすっきりとするようにしましょう。時計のように動いたり変化したりするものや、本棚やポスターのようなものが視界に入ると、注意が無意識のうちにそちらに向いてしまいます。

座る場所や机の向きを工夫して、落ち着いた勉強スペースをつくりましょう。


勉強を始めるハードルを下げる最大のコツは、「勉強をすぐ始められるようにしておくこと」。

たとえば、いすはすぐに座れるようにちょっと下げてあって、座ったらすぐにペンが持てるように筆箱から出してあって、テキストを開かなくてもスタートできるようにすでにページが開いてあって……。これなら、スムーズに勉強をスタートできそうじゃないですか？

勉強を始めるときの理想の状態は「勉強している途中《とちゅう》でちょっと机をはなれた」感じをいつでも保ってあることなのです。

CHAPTER 2

自宅での学習

デジタル教材を使い始める前に知っておきたい三つのポイント

学校の授業でも、電子黒板やタブレット端末《たんまつ》を使う機会が増えています。自宅学習においても、これを活用しない手はありません。

すでにさまざまなアプリやサービスが便利に使えて、効果的・効率的に勉強が進められる環境《かんきょう》にあります。さらに今後はＡＩ（人工知能）も活用されて、ますます便利になることが期待できる状況《じょうきょう》です。

新しく便利なものには、悪影響《えいきょう》や危険性がつきものです。デジタル機器を使いすぎて依存症《いぞんしょう》になってしまったり、視力が下がってしまったり、使ってないはずのお金を請求されたり、知らない間に犯罪に巻き込まれることだってあります。決してこわがらせたいわけではないのですが、そういう危うさもあるのです。

だから適切な知識を持つことで、デメリットを最小限におさえてメリットを最大化する活用方法を身につけていきましょう。

知っておきたいポイントは三つ。

まず一つ目は、まだ効果や影響が、完全にはわかっていないということ。

保護者や先生たちが学生だった時代にはまだ存在しなかったツールなので、「なにをどのように使うのがベストなのか」、だれも正解を知りません。

だからと言って使わないのはもったいないので、先生たちもみんな手探りで試《し》行錯誤《こうさくご》しながら、よりよい使い方を考えている状況です。

二つ目は、紙とデジタルを使い分けたほうがよいこともあるということ。何冊もの本や参考書をひとつの端末に入れて持ち歩けるので、カバンが圧倒的に軽くなります。

でも画面の大きさにも限界があるので、自分がどのようなスタイルで使いたいのかをイメージして、「参考書はデジタルで、ノートは紙で」といった、自分に合う使い方をみつけましょう。もちろん逆のスタイルもＯＫです。

三つ目は、高校・大学の試験では、まだまだ紙が主流だということ。学校の定期テストや模擬《もぎ》試験、入学試験ではまだまだ紙が主流。えんぴつやシャープペンシルを使って、自分の手で文字を書くことが求められます。試験では紙に手書きすることを意識して、学習にデジタルツールを取り入れましょう。

CHAPTER 2
自宅での学習

あわてないで慎重にデジタルツール選び

時間とお金を節約する学習ツールとして、パソコンやタブレットは欠かせません。初めて使うときは家族との兼用《けんよう》やお下がりを利用することもあると思いますが、いざ自分専用のものを購入《こうにゅう》するとしたら、どのデジタルツールが最適なのか考えていきましょう。

最初にすることは、進学予定の学校の事情を調べること。デジタル端末《たんまつ》を持ち込む場合、各学校でどのような条件が決められているのかを確認することが必要です。条件は地域や学校によってさまざまで、特定の機種が指定されている場合もあれば、画面サイズが何インチ以上でバッテリー容量が何時間以上といった指定がある場合もあります。

まだ新しい取り組みなので、ひとつ上の先輩《せんぱい》たちと条件が異なる、ということもあり得ます。「せっかく買ったのにすぐ買い直し」という状況をさけられるように、最新の情報を学校に確認してから購入しましょう。

学校が指定する条件がはば広く、自分用の端末を選べるのであれば、特に重視したいポイントは三つです。

ひとつ目は、画面の大きさ。

動画やウェブサイトを活用して学習するのであれば、一〇インチ以上の大きさがほしいところ。なので、勉強のためのメインのデジタルツールとして、スマホはあまり適していません。スマホはあくまでも補助的に使いましょう。

二つ目は、端末の重さ。

学習用にひんぱんに持ち運ぶことを考えると、軽いにこしたことはありません。タブレット型端末であれば、ペットボトル飲料と同じくらいの五〇〇グラム前後、ノートパソコンであれば、一・五キログラムくらいまでのものが持ち運びに適した重さでしょう。

三つ目は、キーボードやペンといった入力方法。

いまは音声入力も性能が上がってきましたが、長い文章を入力するのであれば、やはりキーボードはあったほうが便利です。キーボードを使わない場合、タブレット用のデジタルペンが必要となります。ペン入力では、ペン先の種類や画面の保護フィルムによっても書き心地が変わるので、実際に使ってみて、自分好みにカスタムすることもできます。

先輩や家族のデジタルツールに実際にさわらせてもらったりして、自分にピッタリの端末をみつけましょう。

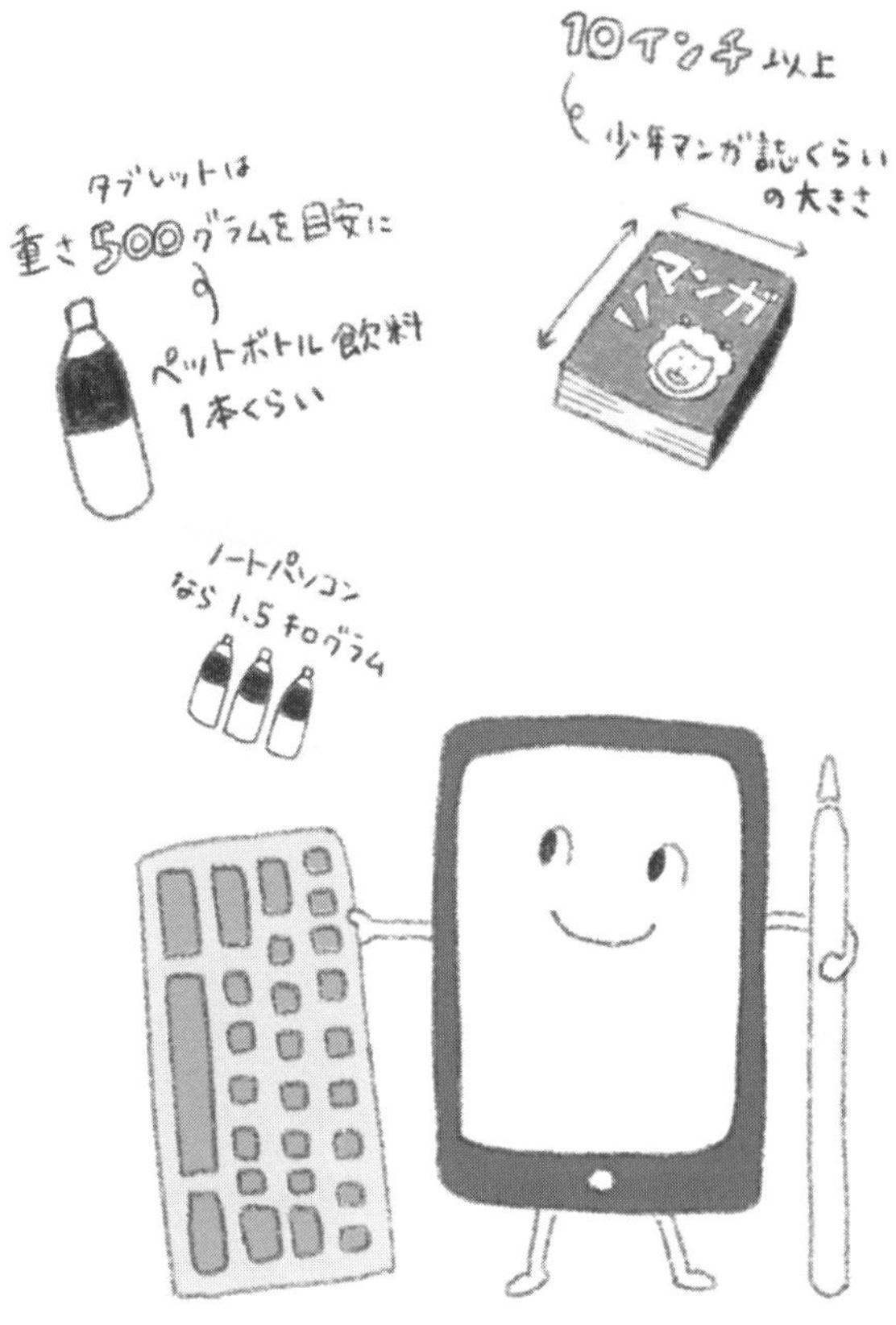
10インチ以上
少年マンガ誌くらいの大きさ
タブレットは
重さ500グラムを目安に
ペットボトル飲料
1本くらい
マンガ
ノートパソコンなら1.5キログラム

使い始める前に家族でルールづくり

デジタルツールとの上手なお付き合いは、大人だって難しいもの。中学生にとってはなおのことで、誘惑《ゆうわく》いっぱいのツールです。ついつい使いすぎて、睡眠《すいみん》時間や勉強時間をけずってしまったり、目的外の使い方に時間を取られてしまったりしては逆効果。

また、デジタルツールは「なににどう利用しているのか」が外から見えづらいので、家族も「勉強できているのかな？」とちょっと不安になってしまいがちです。せっかくの学習ツール、自分も家族も気持ちよく使いこなすために、使い始める前にいっしょにルールづくりをしておきましょう。

まず、学習用の端末とゲームやＳＮＳなど遊び用の端末は別々にしたいところ。どうしても同じ端末を学習にも遊びにも使わないといけない場合には、遊び用のアプリやリンクは、トップ画面に置かないようにして通知設定をオフにしましょう。アクセスに少し手間がかかるようにするだけで、「ついつい遊んでしまう」を減らせます。

次に、家族のスマホと自分のスマホを連動させて、有害サイトへのアクセス制限を。次に「どのアプリに何時間、何時までアクセスできるのか」を、家族のスマホから一つずつ設定し、誘惑を断ち切り、睡眠と勉強時間を確保します。最初は、「リビング以外で使わない」「ふとんへの持ち込み禁止」などのルールを設けて、慣れてきたらルールを見直すのもよいでしょう。

もし使っていく中で「いつも使っている時間外に、友だちと連絡《れんらく》を取りたい」となっても、かんたんに設定を見直せるので不便もありません。


一番大事なことは、最初に家族でしっかりと話し合うこと。

「すべて自由に使いたい」「あれもこれも制限したい」と対立していても話は進みません。なぜその使い方をしたいのか、なぜその制限をかけたいのか、目的や理由をふくめておたがいに話し合いましょう。

「デジタルツールをうまく活用して学力アップしたい」という目標が同じであれば、きっとおたがいに納得のできる答えがみつかるはずです。

CHAPTER 2

自宅での学習

デジタル教材はインプットとアウトプットから選ぶ

道具と家族のルールが決まったら、いよいよデジタル教材選び。まずは、インプットとアウトプットの両面から、デジタル教材の特性を説明します。

まずはインプット。

動画教材を視たり、参考書などの電子書籍《しょせき》を読んだりがこれに当たります。

学校の授業は学習の基本をつくってくれますが、それに加えて過去の学習内容の復習や受験に向けたレベルアップをしたいときに、デジタルツールが力を発揮《はっき》します。

学校や塾《じゅく》のように周囲のペースに合わせることなく、いまの自分にピンポイントで必要な学習をいつでも取り出せるのが強み。

クラスでいっしょのカリキュラムが決まっている学校や塾とはちがって、自分がいままさに必要としている学習に取り組むことで、効率的なレベルアップが期待できます。

「自分になにが必要なのか」を意識しながら、インプットに取り組んでいきましょう。


そしてアウトプット。

問題を解いて、自分の理解度を確認する学習がこれに当たります。

紙の参考書やノートとちがって、ほとんどのデジタル教材は、回答結果をグラフや正答率一覧にしたものが出てきます。「自分がいま、なにを理解できていて、なにを理解できていないのか」が瞬時《しゅんじ》に把握《はあく》できて、弱点がぱっとみてわかるのです。

参考書に付属しているアプリや動画サービスのテストにもこうした機能が付いています。オンライン塾の多くも、動画教材に加えて、こうしたテスト機能がセットになっています。

テストの結果や理解度、勉強時間を記録し、データを蓄積《ちくせき》していくアプリも、アウトプットの一種です。問題を解くだけでなく、データを見直し、弱点を探ることにより、「自分がそれぞれの科目、それぞれの分野でどのくらいの実力があるのか」を把握することができ、効率よく得意分野を伸ばしたり、苦手分野を克服《こくふく》したりすることができます。

デジタルツールと紙の参考書やノートの特性を把握して、自分の性格や学習到達度と相性のいいツールを適切に組み合わせることが、むだなお金を使わないポイントです。

アノニマだより

anonima st.

42

アノニマ・スタジオの本

二〇二四年 春〜夏

飲み方、食べ方、育成と採取……薬草の基本をまるごと一冊に！

薬草に関する商品開発やイベント、活動を行うTABELの新田理恵さんがおくる、気軽に薬草を生活に取り入れるための実用書です。心身の不調のチェックリスト、ミニ薬草図鑑、飲み物・食べ物のレシピ、器、風呂、外用、薬酒と多岐に渡り紹介。育成と採取も簡潔にまとめ、日本における薬草の生産や伝統に関わる人や企業、行事も取り上げています。レシピは、パスタや味噌汁といったオーソドックスなものから、コーディアルやサルティンボッカなど現代的なものまで幅広く掲載。形から薬草の生活を始めたい人に向けて薬草に関わる器も紹介し、バーム、湿布、ティンクチャーといった外用についても触れています。薬草サウナや薬酒、伝統行事に従事する方々に著者自らインタビューをして、日本の薬草文化にもスポットを当てました。薬草を現代版としてアレンジ・紹介できる、新田さんの情熱があふれる内容です。

【著者プロフィール】TABEL株式会社代表。食を古今東西の文化と学問からとらえ、すこやかで慈しみのある食卓を提案する。2014年から日本の薬草文化のリサーチをはじめ、各地を紡ぎながら伝統茶{tabel}を立ち上げる。2018年より薬草大学NORMを運営し、大企業や行政とのコラボなどを展開。薬草文化のリバイバルを目指して活動して監修や講演・大学での授業なども手掛けている。

薬草手帖

新田理恵

定価1980円（本体価格1800円）
ISBN978-4-87758-854-0

編集室から

●『新装　野菜だより』は2005年の刊行以来、ロング&ベストセラー本の新装版です。野菜の保存法も紹介し、丸ごと食べられる、シンプルで力強い79の野菜レシピをどうぞ。●『食べられる庭図鑑』が好評の良原リエさんの新刊を制作中です。食べ終わった植物の種などから植物をもう一度育てる植物図鑑。多数の植物から、自分で育ててみたい植物がきっと見つかります。●今年も7月20日（土）、21日（日）に浅草の台東館にてBOOK MARKETを開催します。個性的な出版社や、本にまつわる

レーション／木村友美
ィレクション・デザイン／関宙明（ミスター・ユニバース）

ニマ・スタジオ
1-0051 東京都台東区蔵前2-14-14 2F　tel.0120-234-220　fax 0120-234-668
anonima-studio.com　info@anonima-studio.com
ニマ・スタジオの書籍は全国の書店でお求めいただけます。お近くの書店に在庫がない場合は、
書店にてご注文いただければお取り寄せできます。／発行は「KTC中央出版」です。
オンラインストアもご利用下さい。anonima-studio.stores.jp
貨店など小売店の方へ
ニマ・スタジオの本をお店で扱ってみませんか？
しくはアノニマ・スタジオホームページ内「書店・雑貨店様へ」をご覧ください。

久々に古書店に行きました。
かつて、作られ、売られ、
読まれてきた本たちが、
時を経て、いくつもの偶然を経て
隣り合わせに並んでいます。

こんな本があったのか、
と手に取ってみることもあるし、
そうそうこの本が欲しかったんだよ、
と忘れかけていた頭の読書メモを思い出すことも。

いつか読んだ本に、
「本はいつでも待っていてくれる」
というフレーズがあったことを思い出しました。

アノニマだよりは、読者の皆さんと
アノニマ・スタジオをつなぐお手紙です。
新しく作った本、おすすめの本、
今作っている本のことなどをご紹介します。
私たちの本が、暮らしの中の大切な時間を見つける
お手伝いになれば、と思います。

アノニマ・スタジオは、
風や光のささやきに耳をすまし、
暮らしの中の小さな発見を大切にひろい集め、
日々ささやかなよろこびを見つける人と一緒に
本を作ってゆくスタジオです。
遠くに住む友人から届いた手紙のように、
何度も手にとって読みかえしたくなる本、
その本があるだけで、
自分の部屋があたたかく輝いて見えるような本を。

●SNSもご覧ください。本のご案内、日々の活動、連載など情報満載です。
Instagram www.instagram.com/anonimastudio　X ID @anonimastudio
Facebook　www.facebook.com/anonimastudio.japan

仕事を
堂に介する本のお祭りです。みなさまのご来場をお待ちしています。

イラスト
アート

[illegible]

若菜晃子

この一瞬は今このときだけのもの
旅の三部作、待望の第三集

文筆家の若菜晃子さんが、長年に亘る旅で得た忘れがたい記憶と思考を綴る旅の随筆集のシリーズ。著者ならではの視点で切り取った風景を濃やかに表現した文章を堪能できます。第三集では、旅の記憶に付随する、本のことや食のことも多く綴られています。旅先は英国やロシア、タイ、ネパール、チリ、南アフリカなど。クラシックな雰囲気を纏った紙クロス装に文字と絵を空押しした造本も魅力です。あいだに挟まれる、旅の間に著者がスケッチしたイラストレーションも、じっくりとお楽しみください。

ロゴスと巻貝

小津夜景

ままならない読書

小津夜景さんはフランス・ニース在住の俳人。これまで句集、エッセイを執筆してきて、昨年11月に文庫化された『いつかたこぶねになる日』でも注目を集めています。本書は単なる読書エッセイではなく、これまでの著者の人生と、そこから結びつく本の記憶を手繰り寄せ、芳醇な言葉の群で紡ぎ合わせた、過去と現在、本と日常、本の読み方、人との交際などについて綴った一冊です。

本書をお読みいただいた方からは、著者の文章はもちろん、カバーデザインやカバーをとった姿の造本の美しさも評価いただいています。帯には山本貴光さんによる推薦文。

帰ってきた 日々ごはん⑮

87758-858-8

高山なおみ

ひとりもまた、とてもいい
シリーズ累計25万部を超える
日記エッセイ、最新刊

2021年1月～6月の日記を収録。神戸の空と山と海に囲まれた住まいで、季節や自然の移ろいを感じながら暮らしている高山さん。展覧会に出かけたり、リトアニアのDVDを観たり、本を読んだり、刺繍や裁縫をしたり。コロナ禍でもなお、変わらぬものに目をこらし、ごはんを作り、仕事をし、自らの生活をじっくりと紡ぐ日記からは、「暮らし」の確さと頼もしさを感じます。装画や扉は、デザイナー＆イラストレーターの川原真由美さんによる、神戸の風景の絵や写真です。

旬のおすすめ

地球再生型生活記

定価2090円
(本体価格1900円)
ISBN978-4-87758-852-6

四井真治

人間がこの地球でどう生きていくべきか
ひとつの道標となる一冊

生ゴミを堆肥に変え、土を肥やし、作物を育てる。人が暮らすことで、微生物や生きものの多様性が生まれ、その土地がより豊かになる。本書は、日本の風土に合わせたパーマカルチャーを20年実践してきた、理念と実践（生活実験）の記録です。人の暮らしが、環境を壊すのではなく、環境を豊かにするにはどうしたらいいか。未来の暮らしを考えるすべての人、必読です。

りんごの村

定価1760円
(本体価格1600円)
ISBN978-4-87758-857-1

文／小出正吾　絵／河野鷹思

こころをはぐくむおはなし
1950年に誕生した名作、新装復刊

しんじること、かんがえること、はたらくこと、たのしむこと。人間の欲や真心、自分らしさとはなにか。戦後に生まれた心に響く物語を、新鮮で素晴らしいイラストレーションとともに楽しめる児童文学です。「りんごの村」、「二つの自動車」、「ふるぐつホテル」の3作品を収録しています。この古くて新しい作品が生まれた時代へも想いを寄せていただきたいです。

こころのヨーガ

定価1320円
(本体価格1200円)
ISBN978-4-87758-670-6

赤根彰子

この心をどうしよう？
シンプルに気持ちよく。
ヨーガ的に生きる84の鍵

きゅうくつになってしまっている心をほぐしていく、インドで学び、ヨーガ歴30年以上の著者による〝こころの〟ヨーガの本。シンプルでわかりやすい84項目を読み進めていくと、心がゆっくりと解放されていきます。何度も繰り返し読みたくなる、傍らに置いておきたいお守りのような一冊。やわらかなイラストも魅力的です。

もう1度
再生!

フム
ここが弱点か

いよいよデジタル教材を使うときがきた

学習に使えそうなアプリや教材は星の数ほどあって、どれを選んだらいいのか、なやんでしまいますよね。

ここでは具体的にどんなデジタル教材が活用できるのか、紹介《しょうかい》していきます。

一番安心なのは、学校で配られる教科書・資料集・参考書などに付いてくるアプリや動画。デジタル教材デビューにぴったりです。ひとまずこれらを試してみましょう。

慣れてきたら、次のステップへ。

まずAppStore《アップストア》などのアプリのダウンロードサービスにアクセス。「中学一年生」「英単語」など、キーワードを入力すると、オススメのアプリが出てきます。

アプリには、「有料」か「無料」か「無料だけどアプリ内課金」かのちがいがあります。

無料である代わりに、広告がひんぱんに流れるものもあるので、実際に無料サービスを使ってみて、気に入ったら、アプリ内で課金をして広告を消したり、プラスアルファの機能を加えるのもいいかもしれません。評価やレビューをよく読んだり、学校の友だちや先輩《せんぱい》にオススメをきいたりして、家族と相談の上、ダウンロードしてみましょう。

有料版やアプリ内課金には、一回支払ったらずっと使える買い切り型と、毎月一定の金額を支払うサブスク（サブスクリプション）型とがあります。

どちらも紙の参考書を買うよりは、うんと安い値段で手に入ります。しかし、使わないサブスク型の解約を忘れてしまっては、もったいないので、契約《けいやく》は慎重《しんちょう》に行ってください。

無料でも質のよいデジタル教材はたくさんありますが、あまり無料であることにとらわれないでください。試してみて「自分に必要だ」と感じられる教材には、課金をすることで、結果として全体の学習にかける費用をぐっとおさえることができるのです。

離島《りとう》や山の中に暮らしていても、ネット環境《かんきょう》さえあれば、自宅にいながら時間をかけてじっくり試して教材を選ぶことができる、私が子どものころには考えられない便利な時代になりました。

CHAPTER 2

自宅での学習

初心者にオススメ
教科別入門アプリ

中学生に入門編としてオススメできるアプリを五教科別に並べてみました。これらのアプリは、二〇二四年六月時点のものです。今後名前が変わったり、なくなったりする可能性があります。

【英語】単語学習と音声学習

◉英語アプリ「mikan《ミカン》」（アプリ内課金）

音声をききながら単語の意味と発音をセットで覚えられます。覚えられていない単語だけを記録して集中的にトレーニングすることも可能です。

◉「NHKゴガク語学講座」（無料）

ＮＨＫラジオの英語講座は、一週間以内ならいつでも何度でもきけるアプリ。「ＮＨＫゴガク」内の「中学生の基礎英語」「中高生の基礎英語 in English」シリーズに取り組むと、自分のレベルに合わせた学習が始められます。

【数学】グラフ作成や計算問題解説

◉グラフアプリ「GeoGebra《ジオジェブラ》関数グラフ」（無料）

式を入力するだけでグラフを表示してくれるので、問題や解説にグラフが書かれていない場合でも、手軽にグラフをみることができます。また、グラフを動かしたり式を変えてグラフの変化を調べたりできるのもおもしろい点です。中学一年生から習う関数を視覚的にとらえることができるので、理解が深まります。

◉数式処理アプリ「Microsoft《マイクロソフト》 Math《マス》 Solver《ソルバー》」（無料）

数式をカメラで撮影するだけで、計算したり方程式を解いたりしてくれます。計算途中《とちゅう》のステップも解説してくれるので、解説がくわしく書かれていない問題を解いたときに、計算の手順を確認することができます。

【国語・理科・社会】

◉漢字の練習用アプリ「中学生漢字（手書き&読み方）」（アプリ内課金）

手書きで文字の形や画数を認識してくれるので、漢字を読むだけでなく書く練習もできるのがうれしいところ。

同じシリーズに、「中学理科」（無料）や「中学社会地理・歴史・公民」（無料）があり、学習指導要領に対応した内容なので、基礎固めにぴったりです。

続々と新しいアプリがリリースされています。レビューや先輩の口コミも大いに参考にして、自分にとっての「今の」ベストアプリを探してみてください。

apple
「りんご」！
この単語は
知ってる

さらにステップアップするための学習記録系アプリ

入門アプリに慣れてきたら、さらにデジタル教材を使いこなすために、学習記録系アプリにチャレンジしてみましょう。

◉学習記録データ蓄積《ちくせき》アプリ「Studyplus《スタディプラス》」（アプリ内課金）

学習記録データを蓄積できるアプリで、自分の学習状況《じょうきょう》のバランスや量を、数字やグラフで振り返ることができるのが便利です。ストップウォッチのスタートボタンを押すのと同時に、気持ちをスッと勉強モードに切り替えて、集中し始められます。

◉デジタルノートアプリ「Goodnotes《グッドノーツ》 6」（アプリ内課金）・「MetaMoji《メタモジ》 Note《ノート》 2」（無料）

タブレット専用のペンを使って書き込むデジタルノートにもたくさんの種類があります。紙のノートを選ぶときと同じように、見た目や使い勝手をくらべて、お気に入りをみつけましょう。ノートアプリは、紙のノートでは実現が難しい、音声メモや画像、動画のはり付け、インターネットで見つけたサイトへのリンクを付け加えたりすることもできます。

◉紙のノートをデータ化するアプリ「Carry《キャリー》 Campus《キャンパス》」（無料）

ノートを撮影《さつえい》してデータ化することで、紙のノートはそのままに、データに書き加えたり、赤シート機能を使って暗記勉強をしたりとさまざまな使い方ができるようになります。

デジタルノートやノート管理アプリを使うことで、実物のノートを何冊も持ち運ぶことなく、ちょっとしたすきま時間にノートを見返すことが可能になります。

⦿共有型単語帳アプリ「Quizlet《クイズレット》：単語カードで学びましょう」（アプリ内課金）

⦿共有型ノートアプリ「Clearnote《クリアノート》」（アプリ内課金）

世界中の人とノートや単語帳を共有できます。「自分のノートを他人に見せるのははずかしい」という人だったら、他の人のノートを見るだけでももちろんOK。教科や分野だけでなく、教科書の出版社別にも検索《けんさく》できます。どこかのだれかがつくった単語帳やノートを使った勉強なんて、不思議な感じがしますが、ながめているとやる気がわいてくるから不思議です。

デジタル教材に加え、学習記録系アプリも使いこなせれば、もうデジタルツール上級者です。新しいアプリも試しながら、レベルアップしていきましょう。

CHAPTER 2

自宅での学習

動画教材だったら専門のウェブサイト

学習に使ったことはないけれど、「YouTubeだったらよくみてる」という人はたくさんいますよね。インターネットの広大な世界には、授業や解説動画がたくさん。

いまは学校がいろいろなデジタル教材を集めた「ポータルサイト」をつくって

いる場合もあります。これらは学校の先生たちのチェック済みなので安全安心。学校のポータルサイトがあれば、まずはそこから学習用のサイトを探してみてください。

定番どころでは、教科書の学びを大きくレベルアップしてくれる「NHK for School」の豊富な学習動画。最先端の貴重な映像や画像を見ることができたり、良質な模型やアニメーションを使った、わかりやすい説明や各分野の専門家による解説がきけたり、教科書だけでは得られない情報が手軽に手に入り、理解が深まります。

さらに、学校の授業に近い形式で、自分の学校の先生とはまたちがう角度からの説明を無料できけるウェブサイトとして、NPO法人が運営する「eboard《イーボード》」や家庭教師のトライグループが運営する「Try《トライ》 IT《イット》」、あるいは有料の「スタディサプリ」といったサービスがあります。いろいろな出版社の教科書に共通する内容を、塾《じゅく》の先生や他の学校の先生が解説をしています。

同じ教科の同じ内容についての説明でも、説明の仕方によって、「わかりやすい」「わかりにくい」は変わります。別に「先生の説明が下手」なのではなく、同じ先生の説明であっても、きく人によって「わかりやすいな」と感じたり、「わかりにくいな」と感じたりします。ようは先生との相性のよし悪しなのです。

学校の先生の授業や伝え方が、自分には合わないかもと感じたときに、別の先生による説明をきくと、「なんだ、そういうことか」とスッと理解することもあるのです。

注意してほしいのが、YouTube。

たくさんの学習専門チャンネルがあります。その中には教え方が上手なものや、わかりやすいものもたしかにあるのですが、古い内容、まちがった内容、適切ではない教え方のものもあって、中学生には判別がむずかしい。学習におけるYouTubeとの付き合いは、勉強の息ぬき程度にとどめてください。

CHAPTER 2

自宅での学習

ただみるだけではもったいない

便利機能で動画教材を使いこなそう

みなさん、動画教材のことを「塾《じゅく》の授業が、親に送迎をしてもらうことなく受けられて便利そう」くらいに思っていませんか？　動画教材には、勉強に活かせる動画ならではの便利機能がたくさん。いろんな機能を積極的に使って動画マスターを目指してみましょう。

便利機能① 速度調整

動画の再生速度を自在に変える機能です。試しに二倍速で二回みてみましょう。あるいは、わからないところや初めての内容は通常速度や〇・七五倍のゆっくりした速度で、わかっているところや復習は二倍速や一・五倍速で使い分けて。「初期設定そのままの通常速度」ではなく、「目的を持って、自分が選んだ速度」という能動的な見方をすることが、学習効果を高めてくれます。

便利機能② 一時停止

学校や塾の対面型授業では「あれ、いまなんの話だっけ？」と思っても授業は止まらず、わからないまま話が進んでしまって、どんどんあせるばかりでなにも頭に入らない、という状況《じょうきょう》が起こってしまいます。

しかし動画であれば、「あれ？」と感じたら、いったん止めて頭の中を整理してから、少し戻して再度みることができます。自分の理解度をいつも気にしながら、理解に自信が持てないところでは、遠慮《えんりょ》なく止めたり戻したりしてもだれにも迷惑《めいわく》はかかりません。

便利機能③　くり返し

学校の授業では一回しか話をきけず、ほかの人もいるので、「えっ、いまなんて言ったの？」と思っても「聞こえなかったので、いまの話をもう一回お願いします」とはなかなか言いづらいですよね。でも動画であれば必要に応じて何度でもきき直すことができるので安心です。

一回目と二回目と三回目では、たとえまったく同じ内容であっても、自分の知識や考えが変化しているため、わかることや気付くこと、感じることも変わってきます。

この三つの機能を活かして、一回ですべてを理解したり、覚えたりしようとせず、何度も何度も自分の理解を薄《うす》く重ねぬりしていくようにくり返しましょう。結果としてそうした方が記憶《きおく》にも残りやすくなり、理解を深めることにもつながっていくのです。

CHAPTER 2

自宅での学習

理解の重ねぬり

さらなる工夫で動画授業を記憶に定着

動画で授業を受けるとどうしても受け身になってしまって、集中がとぎれがちになるおそれがあります。そして受け身だと理解が進まず、記憶にも残りづらく、結果として学習時間が多く必要になってしまう、という場合もあります。

このようになることをさけて、短い時間で濃《こ》い学習をするための、能動的に授業を受ける方法を紹介《しょうかい》します。

【シャドーイング】

つまりはモノマネ勉強法。先生の説明をききながら、すぐに自分でも同じことをつぶやきます。はっきり声に出さなくても、ボソボソ声でだいじょうぶ。ただしどんなに小さくても声には出しましょう。頭の中でくり返すのとはちがう効果が得られます。

ただ漠《ばく》然《ぜん》と説明をきくのとはちがって、そのまま言葉をくり返すためには耳から入ってくる言葉に集中する必要があり、自然と能動的なきき方ができます。

きいている説明をそのままくり返すことで、先生の説明の仕方がそのまま自分のものになり、テストのときなど問題を解いているタイミングで、ふと先生の説明が浮かんでくるようになるのです。

もしテストのときにいつも授業を受けている先生が頭の中でヒントを出してくれたら、こんなに心強いことはないですよね。

【先読み】

三分に一回程度、話の区切りで動画を一時停止して、この後に先生がなんの話をするのか、どんな説明をするのか、予想しましょう。

話の続きが予想できたということは、順調に話を理解できているということでもあります。予想と違っていてもだいじょうぶ。この「あれ、違ったな」という感覚が、「じゃあなんの話をするんだろう」という能動的なきき方に自然とつながります。

【インプットとアウトプットの合わせ技】

あと、動画授業を受けるときの注意点は、インプットで終わらせることなく、そのつど問題を解いて、アウトプットするところまでを一セットとすること。動画でインプットした知識を使う問題や関連する問題を解く（アウトプットする）ことで、「この知識は必要なものなんだ」と頭に言いきかせることになり、記憶《きおく》への定着が高まることが期待できます。

CHAPTER 2
自宅での学習

紙の教材も大切です

デジタル教材は便利ですが、紙の教材ならではのよさもあります。

教科書と参考書など複数の教材を同時に開いて見くらべたいときや、問題のページと解説のページを同時に開いて勉強したいときには、やはり紙の教材が便利。

また紙の教材はページ量を実感できるので、「あの本の最初の方のページに書いてあったな」とか「真ん中くらいのページの右上の辺りにのっていたな」などと記憶《きおく》を助けてくれる効果もあります。


大きめの本屋さんに行くと、学習参考書の棚《たな》にたくさんの本が並んでいることにおどろくかもしれません。「どんな人にでも役立つ一冊」という参考書は存在せず、それぞれ手に取ってほしい読者を細かく想定してつくられているので、たくさんのバリエーションがあるのです。

「そんなにたくさんある参考書の中から、どうやって自分に合うものを選んだらいいんだろう？」と迷ってしまいますね。

選び方にももちろんポイントがあります。


まずは長く売れ続けているメジャーな本から選びましょう。

教科書ごとにつくられているシリーズの本であれば、学校で使っている教科書に合わせたものを選びましょう。あるいは、教科書ごとにはなっていなくても、教科書と同じ出版社から出ている参考書であれば、使い勝手はよいです。

次は表紙や中身をパラパラと見てみて、「この本おもしろそう」、「使ってみたい」という感覚があるかどうかが大事です。

こういった感覚はアプリもいっしょで「先生や友だちにオススメされたけど、なんとなく合わないんだよなあ」というものを買ってしまうと、どんなに中身がよくても使わなくなってしまいます。

さらに、いくつかの参考書から同じ分野についてのページをみくらべてみるのも効果的。最近勉強したばかりの分野や「まだ完全には理解できていないな」と感じる分野でくらべてみましょう。説明の仕方はどの本でも同じではないので、本によって異なる説明になっているはず。自分の感覚に合う、納得感があるものを選ぶと、使っていて得られるものが多くあります。

参考書もアプリも相性が大切。周囲のオススメと自分の感覚に耳をすまして、お気に入りの一冊をみつけてみてください。

やる気が出ない？
習慣化すればよいのです

「どうしたら勉強のやる気がでるか?」という質問をよくいただきます。

しかし、勉強とやる気を結びつけてはいけません。「やる気」なんて自在にコントロールするのは不可能。こう考えたらどうでしょう。「どうしたらやる気のあるなしにかかわらず勉強ができるか?」。

私の答えは、「習慣化」すること。手洗い、うがい、歯磨きのように、いつもしているから、しないとなんとなく気持ち悪いという行動にしていくのです。

「朝ご飯を食べたら数学の問題を解く」「家に帰ったら今日の復習をする」というように、勉強を生活に組み込むのです。

行動に移すポイントは、「帰宅後すぐ」「食事後」というようなスイッチを設定すること。

まずは、ふだんの生活から、自分が行動に移しやすい組み合わせを探して、一、二週間続けてみてください。そのころには、習慣として身についてきます。

COLUMN

ゲームをすると成績が下がる？

私は、四人兄弟の末っ子で、子どものころ、兄や姉といっしょによくゲームをしていました。

テレビゲームだけでなく、ボードゲームやカードゲームのような画面を使わないゲームもいろいろあります。休みの日はもちろん、ふだんの学校の授業がある日も、そして受験勉強の息ぬきにもやっていました。

なんとなく勉強をするのではなく、効率よく勉強ができていれば、好きなことをがまんしなくても学力は上がるし、志望校に現役合格できます。

勉強のために遊びや習い事をがまんするのではなく、やりたいことをやるために、どうやったら勉強時間を短くできるか、考えてみてください。「七時までに宿題を終わらせて、ゲームするぞ」とか、目標を決めると集中力が増して、勉強もはかどります。

一日は二四時間と決まっていても、意外とやり方次第で使える時間を増やせるものです。勉強も大切ですが、いまこのときを楽しむことも、同じくらい大切ということを忘れないで。

3

第3章

定期テスト・
模擬テスト・受験

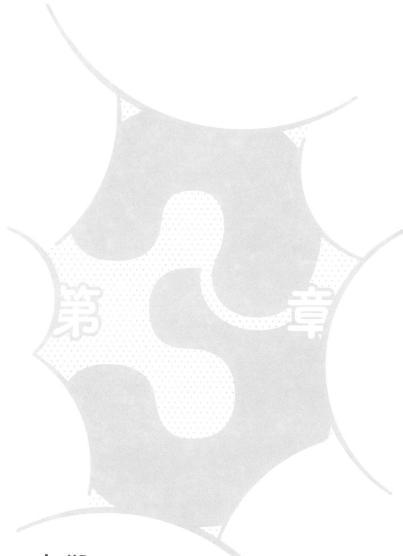

テストのたびにレベルアップ まちがいは成長のチャンス

中学校では、小学校にくらべ、格段にテストの回数が増えます。なぜ、中学校ではテストが多いのでしょうか。私は、「テスト前後やテスト中が一番レベルアップできるから」だと考えます。ここでは、テストの前・中・後に分けて勉強の取り組み方を紹介《しょうかい》します。

CHAPTER 3

1

まずはテストの前。

「しめ切り効果」という言葉もあるように、「何日までにこれをやる」と決まっていた方が、多くの人は取り組みやすいものです。始める&続ける、という高い心理的ハードルを、しめ切りの力を借りてクリアーしましょう。

ただし、一夜づけは、あっという間に頭からぬけてしまいます。範囲《はんい》が限られている定期テストでは、うまくいったとしても、範囲が広い模擬《もぎ》テストや受験では成功しないでしょう。

勉強した分だけ自分の実力に定着させたいのであれば、テスト前夜に五時間かけてつめこむよりも、一五分だけでも二〇日間勉強し続ける方が、はるかに効果が高いのです。同じ三〇〇分なのに不思議ですね。

続いてテスト中。

記憶《きおく》は「思い出そう」とするときに強化されるといわれています。テスト中の「何とかして思い出したい」という状況《じょうきょう》であればなおのこと。

もし思い出せなくても、「思い出せなかった」というくやしさは、次の勉強へのモチベーションにつながります。

そして、最も大切なのがテストの後。

第一章の「宿題の効果をぐいぐい引き出す復習」を参考に、自分の「あとちょっとでレベルアップできるポイント」を明らかにして、「一度まちがえた問題は、次に出されたら絶対に解く」という意気込《ご》みを持ちましょう。この積み重ねが実力アップにつながります。

テストの復習で特に注意を向けたいのが、計算ミスや漢字のまちがい、かんちがいして覚えていたことなどの「ケアレスミス」と呼ばれるもの。

「うっかりしていた。次からは気を付けよう」で済ませてしまいがちですが、「うっかり」にも、必ず理由があります。自分のミスと向き合うのは少し勇気がいるかもしれませんが、「ミスの中にこそ成長の種がある」ものです。「出題文を落ち着いて読んでいなかった」「時間が足りなかった」など、ミスの原因を分析《ぶんせき》して自分で対策を立てることで、さらにレベルアップできます。

Level up
テスト前
テスト中
テスト後

テスト後の学習計画を立てよう
質問→計画→記録→分析

テストは、「自分はなにができていて、何がまだできていないのか」を分析《ぶんせき》するいいチャンス。

その上で、「まだできていないことを、できるようにする」のが勉強です。

そう言われても、自分一人ではむずかしい……。

CHAPTER 3
2

そこで、先生に質問をするのです。

先生は、漠然《ばくぜん》と「この教科はどう勉強したらいいですか？」ときかれても、なかなか適切な返事をすることは難しいですが、ここまでの分析をふまえて「自分はいまこの問題が解けない状況《じょうきょう》で、解けるようにしたいのですが、どの教材を使うのがよいですか？」と具体的にきかれれば、的確にアドバイスすることができます。

教材が決まったら、どの範囲《はんい》をいつまでに終わらせるかの計画を立てましょう。まずはシンプルに「終わらせるページ数」を「その教科の勉強に使える日数」で割ってみます。これで「一日に何ページ進めれば終わるのか」が計算できます。

とはいえ、最初はなかなか計画通りには進まないもの。余裕《よゆう》を持って計画を実行できるようにするために、「一日のページ数」を計画の七割達成でもよしとしましょう。最初はそのくらいが、実行可能な目安です。

デジタルツールを活用して、立てた計画をカレンダーアプリや時間割アプリなどに登録し、決めた時間に通知が来るようにするのもよいですね。

自分で「よし、やるぞ」と気持ちを奮い立たせるのではなく、「予定の時間になったから、やるか」とスッと始めるように決めておくくらいがよいのです。


そして学習した時間は学習時間記録アプリで記録しておきましょう。週に一回、学習記録をふり返って、「予定通りに進められたか」を確認します。

進められなくても、落ちこむ必要はありません。

「予定通りに進められなかった」ということは、立てた計画が実行可能なものではなかった、というだけ。次の一週間は実行できるよう、計画の時間と内容を調整しましょう。「数学にあまり手を付けられなかった」とか「英単語に時間を多くさきすぎて、リスニングの時間が少なかった」といったことを一週間ごとに分析して、次の週の学習計画を立てるのです。

最初はめんどうに思えるかもしれませんが、計画通りに実行できるとうれしいもの。うれしい、楽しいという実感は、勉強をする気持ちを長続きさせる秘けつです。慣れてくると計画を立てることも楽しくなってくるはず。

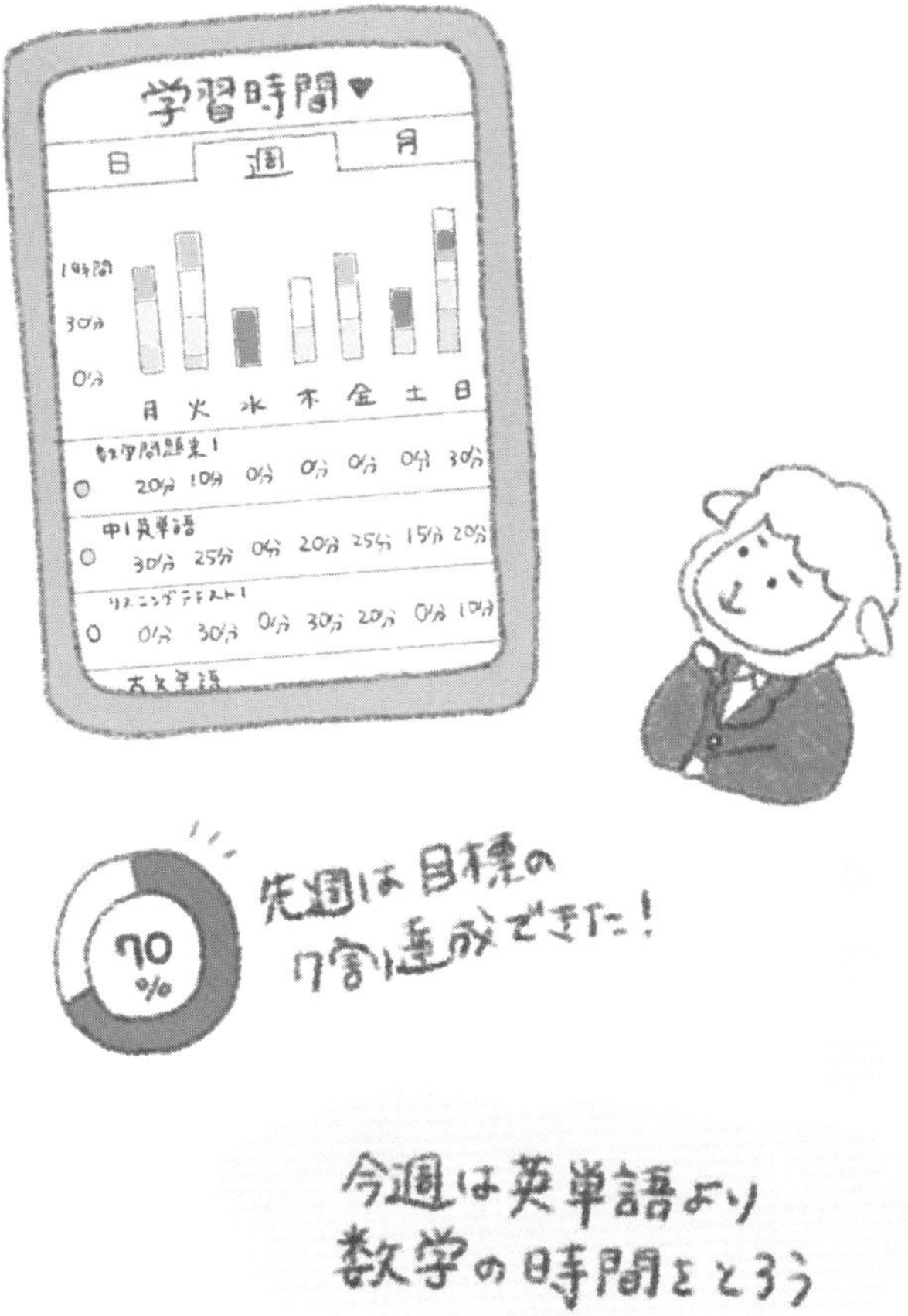
学習時間♥
日
週
月
1時間
30分
0分
月 火 水 木 金 土 日
数学問題集1
20分 10分 0分 0分 0分 0分 30分
中1英単語
30分 25分 0分 20分 25分 15分 20分
リスニングテスト1
0分 30分 0分 30分 20分 0分 10分
古文単語
70%
先週は目標の7割達成できた!
今週は英単語より
数学の時間をとろう

受験対策は、いまこの瞬間から！

「高校受験に向けた学習は、いつごろから始めたらいいですか？」

これまで多くの中学生から受けてきた質問です。

答えははっきりしています。「早ければ早いほどいい」です。

CHAPTER 3

高校入試の試験範囲《はんい》は、「小中学校の九年間で学んだことすべて」です。

そして、公立中学校では、基本的に入試直前まで新しい内容を学びます。教科書がひと通り終わるのは、早くても中学三年生の二学期。ということは、「三年分の学習内容がひと通り終わってから、気を引きしめて入試対策」というスケジュールを立てていては、とても時間が足りないのです。

そうなると、入試対策として、学校で履修《りしゅう》したカリキュラムを一つ一つ確実に自分のものにしていく必要があります。

それにはどのくらいの時間が必要だと思いますか？

ここで、定期テストを思い出してください。

中学校で習ったことだけ復習するとしても、入試の出題範囲は、単純計算で定期テストの九〜一五倍です。時間もそれだけ多くかかることになります。

そして人の記憶《きおく》というのは、時間が経つごとに、どんどん薄《うす》れていってしまうものです。薄れにくくするためには、何度もくり返して学習する必要があります。

そんな膨大《ぼうだい》な時間をまとめて取れる時期はありません。

早いうちから少しずつ、入試を意識して学習を進めていく必要があるのです。

学校の授業が進んでいる間は、いま学んでいる内容に集中して、目の前の授業の復習に努めましょう。入試対策用の、過去にさかのぼる大きな復習は、学校の授業がいったんストップする夏休みなどの長期休みに進めるのです。

かといって、中学一年生から受験直前のテンションで勉強するのではなく、日々の勉強の先に受験を見すえるといったイメージで取り組んでみましょう。

どんなに高い建物も、基礎《きそ》がしっかりしていないと、簡単にくずれてしまいます。たとえ少しずつでも、早いうちから取り組むことでじょうぶな基礎はつくられるので、毎日少しずつ積み重ねていきましょう。

受験
日々の学習
定期テスト
復習
授業
宿題

CHAPTER 3

4

一〇〇点を目指さない 目指すべき点数を知る

「入試で六割取れたら上々」って聞いたことありますか?

過去の高校入試データによると、公立難関校でも合格最低点は全問の八割ほど。

一〇〇点を目指さなくてもいいと思うと、ちょっとだけ気が楽になりませんか?

六割だったり、八割だったりを目標に、難問はいったん置いておいて、簡単な問題から確実に自分のものにする。これが、効率のよい成績アップの一番のポイントです。

私はこれまで気象予報士や行政書士の資格を取得してきましたが、この場合も、基本的に満点を目標にはしません。勉強を始めるときに合格最低点を調べて、それを超えることを目標とすると、資格取得の勉強にのみ専念することなく、さまざまな学びや仕事と並行して短時間の学習でも資格を取得することができました。

まずは、自分が合格したい学校の「合格最低点」を調べ、それを超えることを最初の目標に設定して、入試対策を進めていきましょう。

「合格最低点」を超えられるようになってから、次はプラス一〇点、さらにプラス二〇点と目標設定を段階的に上げていけばよいのです。

また、合否を決める得点は、五教科での総合得点です。

したがって五教科すべてで六割を取れなくても、「得意教科二つで八割、苦手教科三つで五割」を目指す方法もあります。教科それぞれについて「どの教科で何点取るのか」具体的に目標を設定し、それぞれ現状の得点力とどのくらいの差があるのかを把握《はあく》しましょう。こうした現状を知って、受験勉強が始まります。「なんとなく選んだ受験用の問題集を解き始める」なんていう漠然《ばくぜん》とした勉強は、時間のむだ使いと心得てください。

また「現状の得点力」については、一年生のうちは定期テストを参考に考えても良いですが、やはり入試と定期テストでは難易度や求められる力が異なります。できれば一年生のうちから入試レベルを想定した模擬《もぎ》テストを受けたり、三年生になったら入試の過去問を解いたりして、得点力を測るようにしてください。

受験を意識した学習においては、常に「いまの自分はこの教科のこの分野で何点取れる実力があるのか」を把握しながら進めることが、むだのない学習につながります。

合格最低点

CHAPTER 3

5

模擬テストと定期テストのちがいとテスト対策トレーニング

模擬《もぎ》テストはみたことない問題を解くもの、定期テストはみたことのある問題を解くもの。ひとくちにテストといっても、その性質はまったく異なります。

まず定期テストの目的は、「学校の授業で学んだことをどのくらい理解できているか？」を測るためのものです。そのために、数カ月かかって進めた授業の内容と、教科書や学校から配布される問題集の範囲から出題されます。「みたことや解いたことがある問題」を解くのが定期テストであり「授業であつかった内容を覚えているか」「自分で解答を再現できるか」が問われることになります。

いっぽう、模擬テストの目的は、「入試と同じような問題で何点取る力があるか？」を把握《はあく》するためのもの。さまざまな学校の生徒が受験するので、狭い範囲にしばられることなく問題がつくられています。「初めて見る問題や、解いたことがないタイプの問題」を解くのが模試であり、そこでは「入試に必要な知識を持っているか」「知識を適切に用いて解答できるか」が問われます。

こんなにタイプのちがう二つのテスト。一章を参考に、土台となる知識を身に付けた上で、どちらのテストにも有効な二つのトレーニング法をご紹介《しょうかい》しましょう。筋トレみたいに、きたえればきたえるほど強くなる能力です。

ヒントがない状況《じょうきょう》に慣れよう

教科書の練習問題や問題集を順を追って解いているとき、「この分野の問題だから、こう解けばよい」と無意識のうちにみちびかれています。テストでは、ヒントがない中で、瞬時《しゅんじ》に「教科書のあそこにのっていた分野かな?」と、自分で考える必要があります。そこで、並び順をバラバラにして「予想問題」を自分に出題して練習をするのもよい方法です。教科書や問題集の問題をいくつか撮影して、それをシャッフルして解いてみましょう。

タイムを計ろう

自習では一問あたりにかかる時間を気にしないことも多いけれど、日頃から時間を測る練習をしておきましょう。どのくらいスピードアップする必要があるのかがはっきりし、テスト本番でも各問にかかる時間を予想できるようになります。「この問題に○分以上かけると、他の問題に使える時間がなくなってしまう」など、時間配分も考えられるようになります。「一つの問題にとらわれて、解けたかもしれない他の問題に取り組む時間がなくなった」なんてことが防げるのです。

5分以内に
解くぞ！
この問題は
あの分野だ！

内申点は不確定だけど
テストの点数は
自分の力で変えられる

CHAPTER 3

6

出席日数や校則違反《いはん》の話題の中で「内申点が下がるよ」なんて言葉を聞いたことはありませんか？

多くの高校入試では、本番のテストの得点だけでなく、中学校の内申点も必要と言われます。都道府県や学校によって、内申点と面接や入学試験の得点をどのような割合で計算するのかは異なりますので、まずは自分が進学したいと思っている学校の制度を調べてみましょう。内申点が入学試験の得点にある程度加算される高校もあれば、内申点はほんの参考までといった高校など、実に様々です。

内申点は、一体どのように算出されているのでしょうか。

これは観点別評価と呼ばれていて、少し前までは主に「知識・理解」「技能」「思考・判断・表現」「関心・意欲・態度」の四観点から評価されていましたが、いまは「知識・技能」「思考・判断・表現」「主体的に学習に取り組む態度」の三観点になりました。この三つの観点について、五段階や一〇〇点満点で数値化したりＡＢＣの三段階で評価したりします。その上でさらに三つの観点を総合して、内申点が付くのです。

なので、定期テストで毎回一〇〇点を取ったからといって、内申点が「五」になるとは限りません。さらに、「主体的に学習に取り組む態度」のようにテストで測定したり数値化したりしづらい観点もあるため、「なにをすれば内申点が上がるのか」は、必ずしも明確ではないと言えます。

先生も人間ですから、それぞれの生徒に対して持っているイメージが、評価に影響《えいきょう》する部分はどうしても出てきます。しかし、「先生との相性」のような、自分でコントロールできない要素を気にしても仕方がありません。

まずは、「小テストや定期テストで確実に高得点を取る」こと、そのために「日頃から効率的・効果的な学習をして準備する」こと、それに加えて「授業に能動的に参加する」「宿題や課題の提出を忘れずに行う」といった、自分次第でいくらでもコントロールできることを実践《じっせん》していくことが大切。一章で取り上げた授業の受け方、宿題のやり方が身についていれば、内申にもよい影響《えいきょう》があるかもしれません。

「人事《じんじ》を尽《つ》くして天命《てんめい》を待つ」の精神で、自分の力でどうにもならないことを思い悩むことなく、いま、自分にできることに集中しましょう。

"自分次第"の要素を積み上げよう
受験
小テスト
定期テスト
能動的な学習
授業
宿題

CHAPTER 3

7

変わる受験制度
最新の過去問がカギ

大学入試の制度が、この数年間で大きく変化していることをご存知でしょうか？私が高校時代に大学受験のために受けた「センター試験」と呼ばれていたテストが、「共通テスト」という名称に変わりました。問題の傾向《けいこう》が大きく変わったり、「AO推薦《すいせん》」「指定校推薦」などと呼ばれていた推薦入試が「総合型選抜」「学校推薦型選抜」という名称になって、学力検査が必須にもなっています。さらに二〇二二年に高校へ入学した高校生たちから、学習指導要領が新しくなって教科書の内容や科目の構成も大きく変化したりしています。

このような大学入試の変革の影響《えいきょう》もあってか、高校入試でも出題の傾向が変わってきました。従来では、「知っているかどうか」という観点から知識の有無を問うような問題が多かったのに対して、近年では知識問題だけでなく「知っていることをいかに使えるか」という思考力を問う問題が増えています。問題文の文章量も各教科で増えていて、学力の土台としての「読解力」の重要性が高まっています。

入試対策を進めていく中では、そのような最近の傾向を把握《はあく》して、傾向に合わせた準備をしていく必要があります。過去の入試問題を見くらべたり、学校の先生から情報をもらったりして、漠然《ばくぜん》とした受験勉強ではなく、必要な力を着実に身につけていくための受験勉強を進めていきましょう。

一番重要な情報源は、最新の過去問題です。

どんな問題にも、必ずその問題をつくった人がいて、「なぜその問題をつくったのか」、「どのような力を問いたいのか」という意図があります。

私は資格試験の勉強でも、テキストを読む前に、最新の過去問を一度解いてみます。もちろん勉強前なので、ほとんど解ける部分はないし〇点に近い。それでも、どのような出題形式なのか、問題の文章量や回答方法などを知ることができて、発見がたくさんあります。

どんな問題が出されるかのイメージがある状態で、テキストを読んだり動画をみたりすると、「この内容が試験ではあんな風に問われるんだな」と思いながらインプットできるので効果的です。


入試問題とは問題作成者から受験者への手紙です。私立高校だと、「こんな生徒に入学してほしい」という学校からのメッセージでもあります。メッセージをしっかりと読み込んで、内容を受け取り、適切な「返事」をするための準備を積み重ねていきましょう。

こんな生徒に
入学してほしい
こんな力を
問いたい
高校入試
過去問題
2024

COLUMN 4

やる？ やらない？ 部活動

「部活をしていると勉強時間が取れないし、やらない方がいいのかな？」

そんな風に悩むときもあるのではないでしょうか。

勉強のために大好きな部活をあきらめてしまうのではなく、自分なりの両立の方法をみつけるのが、自律への第一歩。

部活がいそがしくてもだいじょうぶ。そのためにこの本があるのです。

朝や休み時間、通学時間や家でのちょっとした空き時間、実は探せばけっこうあるすきま時間。

たとえば五分でできる勉強にはなにがあるか。英単語や漢字のアプリ、その日に使う教科書の内容の事前チェックなど、いくつかストックしておいて、楽しみながら一日何回できるかチャレンジしてみましょう。アイデアを駆使《くし》すれば、できることはたくさんあるはずです。

自分で工夫して勉強と部活を両立したという経験が、受験に向かう気持ちを支えてくれます。

第4章

さいごに

高校生になっても社会人になっても求められるデジタルスキル

CHAPTER 4

1

これからの時代、デジタルツールの必要性は、年齢《ねんれい》を重ねるごとに増してきます。

高校生や大学生になると、デジタルツールを使ってレポートを書いたり自分の考えを文章にしたりする機会が増えます。早いうちから、デジタルツールに慣れておくと、使い方に気をとられず、考えることに集中でき、課題を早く終わらせて自分の好きなことに時間を当てることができます。

また、高校では中学にはない「情報」という科目が増え、デジタルツールを最大限に活用するプログラミングやＡＩ（人工知能）、データの活用、プレゼンテーションといった発展的な使い方を学びます。

情報の内容の見極め方やインターネット・ＳＮＳ上での適切なコミュニケーションの取り方、自分や周りの人を守る方法といった「情報リテラシー」と呼ばれる力を養ったりする授業もあります。デジタル犯罪の被害者はもちろん、気づかないうちに加害者にならないように勉強しておかなければなりません。

そして大人になって社会に出ると、日常的にデジタルツールを使って仕事をする機会が多くなります。

少し前の時代では、就職の際には「コンピューターが使える」＝「文書作成で文字の大きさや位置を変えたりできる、プレゼンテーション用スライドのデザインができる」といった基本的なスキルがあれば評価されていました。いまはそれらができる前提で「動画編集ができる、プログラミングができる、データ分析《ぶんせき》ができる、情報セキュリティの知識がある」といったスキルも必要とされる時代になってきています。

さらにここ数年でＡＩが、まさに日進月歩の勢いで進化し続けています。「ChatGPT」のような対話型ＡＩや「Stable《ステイブル》 Diffusion《ディフュージョン》」のような画像生成ＡＩなど、コンピューター用の言語ではなく、人間の日常的な言語による指示をまるで理解しているかのように反応し、自然な文章での回答やデジタル画像、プログラムなどを返してくる「生成ＡＩ」が次々と登場し、どんどん高機能になっています。学習においてＡＩが活躍《かつやく》する日も遠いものではないでしょう。

デジタルツールを使いこなす力が、ますます重要になる時代。技術の進化にふり回されないために、中学生のうちから技術と経験を重ねていきましょう。

社会人になっても
よろしくね♪

成果が出るのは二、三カ月後 あせらずそのときをお楽しみに

第一章では授業の受け方や予習復習の方法を中心とした学校での学習をレベルアップする方法、第二章ではデジタルツールを活用して自宅での学習をレベルアップする方法、第三章では目標設定や計画作成の観点からテストに向けた学習をレベルアップする方法をお伝えしてきました。

CHAPTER 4

これらをひとつずつ試してもらえたら、効果が出てくるのはまちがいありません。それは、いままでの私の学習経験からも、たくさんの生徒の学習をサポートしてきた経験からも、自信を持って言えることです。

ただ、自分で「レベルアップできたな」という実感が得られるまでに、少なくとも二、三カ月はかかります。

短時間の特訓でおどろくほど成長できるのは、残念ながらマンガやゲームといった創作物の中だけの話。最初のうちは目に見えるほどの成果が出なくても、ちょっとだけがまんして二、三カ月続けてみてください。そのうち「おやっ？　なにかわかってきたかも」と感じる瞬間《しゅんかん》が訪れるはずです。

そこまでいけば、「もしかして、勉強って楽しいかも」なんて気持ちがわき上がってくるかもしれません。

この本で紹介《しょうかい》してきたことは、「ものすごく革新的な学習法」ではなく、「いまやっている学習法をていねいに見直して、一つひとつ、効果や効率を高める方法」です。
ぼんやりきいていた学校の授業をうなずきながら集中してきいたり、机の向きを変えたり、宿題の時間を計ってみたり……。いま、勉強にかかっている時間をそのままに、場合によっては、短くして、より大きな成果を上げようというものです。

第一、二、三章の内容を一気に試さなくてもだいじょうぶ。できそうなものから一つひとつ試してみて、ゲーム感覚でクリアしていく喜びを感じてみてください。その際に大切なのは、なにを試すかを「自分で」決めること。家族や先生に決めてもらってはいけません。「自分で選んだ勉強法で成果を出した」。その事実の積み重ねが、自分を信じる力をきたえていくのです。

自分で決める、実践する、自信につながる、という流れを身につけ、よりよい自分、なりたい自分に一歩ずつ近付いていきましょう。

あせらず お楽しみに♪

さいごにパワーを発揮するのは具体的な目標設定

これまで取り上げてきた数々の学力アップの方法。コラムでは、「やる気なんてコントロール不可能」なんて書きましたが、基礎学力が付いてきたら、さらにどこまでいけるか、もうひとふん張りしてみたくなってきたのではないでしょうか？　そこでパワーの源となるのが、「目標」です。

CHAPTER 4

目標を設定することで、勉強の取り組み方を計画することができます。地図アプリでも正しい「現在地」と「目的地」を入力しない限り、ルート（道順）を示してくれることはありません。

「目標」設定のコツを三つご紹介《しょうかい》しましょう。

目標は具体的に

目指す場所がこれまでに一度も行ったことがないところであれば、なおさらのこと。可能な限り、目標を具体化しましょう。

高校受験であれば、「自分がどこの高校に進学したいのか」をできるだけ早く決めます。できれば、実際に現地へ足を運んで校舎を見たり、先輩《せんぱい》や先生に話を聞いたりすると、より気持ちが前向きになれます。学校が遠かったら、インターネット検索や地図アプリで周辺の様子もふくめて調べてみましょう。

ほかにも、「学年二〇位以内」「偏差値六〇以上」など、なんだってだいじょうぶ。途中《とちゅう》変更しても問題なし。いまいるところから一歩踏《ふ》み出すために、「ひとまず自分はここを目指すんだ」という具体的な目的地を設定するのです。

小さい目標を立てる

旅行のときに電車やバスを乗りかえたり、飛行機を乗りついだりするように、その通過点も適切に設定する必要があります。

「志望する高校に合格する」ために「入試で六割取れる力を身につける」という目標を設定。その過程として、「四割取れる」「五割取れる」といった途中の地点を細かく設定した方が着実に進んでいけます。さらに、「数学のテストで六割取る」という目標だったら、「計算の分野で七割取る」「図形の分野で五割取る」というように、できるだけ細かく設定していくとより有効です。

目標の先もイメージする

「目的地」にたどり着いた先にも人生は続きます。

高校受験の場合、「志望する高校に合格する」のは、あくまで通過目標。「その高校でなにをしたいのか」「卒業後、どのような道に進みたいのか」という次の目標まで想像してみましょう。

様々な職業やその職業に就くために必要な資格や、大学にどんな学部があるか調べたり、住んでみたい街や国、可能な限り具体的に、五年後、一〇年後、どんな大人になっていたいのかイメージしてみましょう。そうすることで、目標を実現させたいという気持ちを盛り上げていくのです。

目標を設定すると、やりたいことに向かうパワーがわいてきます。このように目標を設定して勉強に取り組むことを習慣化してください。そうすることで、成功体験を重ねる快感を脳が覚え、あなたをいつの間にか「目的地」に連れて行ってくれることでしょう。

おわりに

講演などで「趣味は勉強です」と言うと、だいたい「えー、信じられない」とおどろかれるのですが、中学生のころは、勉強好きとは言えない生徒でした。数学はパズルのようで好きだったし、理科は物事の仕組みがわかっておもしろかったけれど、英語や古文や社会は苦手。だけど、大人になってからあらためて向き合うと、「勉強」ってけっこう楽しいのです。

たとえば、英語が読めたりきくことができるようになると、本やインターネットを通して得られる情報が一気に増えますし、地理や歴史がわかると、旅行をしたりテレビをみたときに「この地形や気候が食文化に影響《えいきょう》しているんだな」とか「ここがあの出来事の舞台《ぶたい》になった場所か」と楽しめる要素が増えます。勉強すると、マンガを読むのも、ゲームをするのも、旅行するのも、さらに楽しくなります。

いまは退屈《たいくつ》に感じるかもしれない勉強が、思わぬ場面で将来の自分を助けてくれたり、楽しませてくれたりすることがある。未来にそんな瞬間《しゅんかん》が確実に存在すると思うと、いまからワクワクしてきませんか？

横山北斗（よこやま・ほくと）

プロラーナー。1984年、東京都生まれ。東京大学から東京大学大学院修士課程修了後、東京都の私立高校に勤務。特別進学コースの責任者として、国公立大学および難関私立大学への進路実績の向上に貢献。授業では、偏差値70台から30台まで多様な進路の生徒を担当。「主体的で自律的な学習者」の育成を目指してアクティブ・ラーニング（AL）に取り組んだ。ICTでは、2013年から全校への無線LANネットワーク配備とiPad・Chromebookの段階的な全校導入を主導。2020年秋から鹿児島県屋久島町に在住。屋久島の公立中高の臨時的任用職員、通信制高校の職員や、教材作成・教育サービス構築の業務委託、中高生向けの個別指導もしている。趣味は資格取得。気象予報士や行政書士など32種の資格を保持している。

◎イラスト＝横山 遊　◎デザイン＝林 真（vond°）　◎校正＝安田 泉
◎編集＝高田みかこ（一湊珈琲編集室）、景山卓也（アノニマ・スタジオ）

時間もお金も軽やかに！
中学生のための

ウルトラライト勉強法

2024年7月6日　初版第1刷発行

著者　横山北斗
発行人　前田哲次
編集人　谷口博文
アノニマ・スタジオ
〒111-0051 東京都台東区蔵前2-14-14 2F
TEL.03-6699-1064　FAX.03-6699-1070
発行　KTC中央出版
〒111-0051 東京都台東区蔵前2-14-14 2F
印刷・製本　シナノ書籍印刷株式会社

ISBN978-4-87758-862-5　C0037

アノニマ・スタジオは、
風や光のささやきに耳をすまし、
暮らしの中の小さな発見を大切にひろい集め、
日々ささやかなよろこびを見つける人と一緒に
本を作ってゆくスタジオです。
遠くに住む友人から届いた手紙のように、
何度も手にとって読みかえしたくなる本、
その本があるだけで、
自分の部屋があたたかく輝いて思えるような本を。